W9-AFP-201

La mariposa Mimí

Dibujos:

Horacio Elena

Cuento:

Beatriz Doumerc y Gabriel Barnes

SPRINGDALE PUBLIC LIBRARY
405 South Pleasant
Springdale, Arkansas 72764

Diccionario

 mariposa

 mochila

 mariquita

 molinillo

 melón

 margaritas

 melocotones

 manzanas

 mona

monopatín

mesa

moras

moscardón

mofeta

magdalenas

mar

murciélago

amapola

La  Mimí mete sus pinturas en la .

—¡Hola, Mimí! ¿Vas a pintar? —le pregunta

una .

—¡Sí! —responde Mimí—. ¡La primavera

ya está aquí!

—Antes de irte... —le dice la 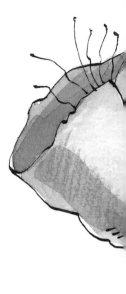—,

¿me pintas mi ? ¡La lluvia

me lo ha desteñido!

—¡Claro que sí, amiga! —dice Mimí,

sacando sus pinturas de la .

La 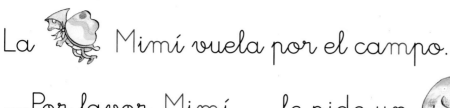 Mimí vuela por el campo.

—Por favor, Mimí... —le pide un 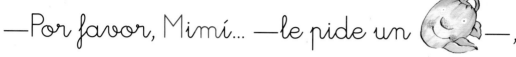—,
¿me pintas de amarillo?

—Y a nosotras... —le piden las 🌼🌼—,
¿nos pintas sombreros blancos?

—¡Claro que sí, amigos!
—responde Mimí.

La  Mimí sigue volando.

—Por favor, Mimí..., ¡píntame más ! —le pide

un melocotonero.

—¡Y a mí, más 🍎! —le pide un manzano.

—¡Claro, amigos, enseguida! —dice Mimí,

sacando sus pinturas de la 🎒.

La  Ramona llega en su  .

—Por favor, Mimí... —dice—, ¿me pintas

mi ? ¡Está muy descolorida!

Y la  le responde:

—¡Claro que sí, amiga!

La  Mimí vuela y vuela con su

a cuestas.

Cuando pinta unas de un precioso

color morado, un exclama, admirado:

—¡Eres una artista magnífica, Mimí!

¿Me pintas las alas a mí?

14

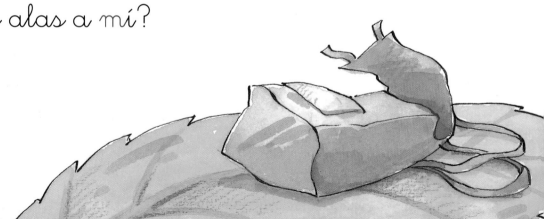

La Tomasa invita a Mimí a zumo

y .

—Me gustaría que me pintaras la cola...

—comenta Tomasa—, ¡pero no sé

qué color usar!

—El azul te quedará genial... —dice Mimí—.

¡Es el mismo color del !

Cuando la  Mimí vuelve a casa,

un muy trajeado está esperándola.

—Voy a un baile... —dice—. Por favor,

Mimí..., ¿me pintas una flor en la solapa?

—¡Claro que sí, amigo! —dice Mimí—.

Con esta y ese traje tan elegante...

¡serás el más guapo del baile!

A ver si te acuerdas…

Une los personajes con la frase que dice cada uno.

«¡Hola, Mimí! ¿Vas a pintar?».

«¿Me pintas mi mesa? ¡Está muy descolorida!».

«¿Nos pintas sombreros blancos?».

«Con esta amapola y ese traje tan elegante… ¡serás el más guapo del baile!».

Objetivos:

Estimular la atención.
Ejercitar la memoria.
Asociar personajes con sus diálogos.

SPRINGDALE PUBLIC LIBRARY
405 South Pleasant
Springdale, Arkansas 72764

🚃 Vamos a jugar con la _m_. Completa esta tabla, pero…
¡atención: solo puedes poner palabras que empiecen por _m_!

Nombre	Animal	Cosa
M _____	m _____	m _____
M _____	m _____	m _____
M _____	m _____	m _____

Objetivos:

Afianzar el uso de la letra _m_.
Usar el vocabulario ya conocido.

j
u
e
g
a

con

la

Pon el nombre al lado de cada dibujo utilizando un cuadrado para cada letra. ¿Qué personaje aparece leyendo los cuadrados rojos de arriba abajo?

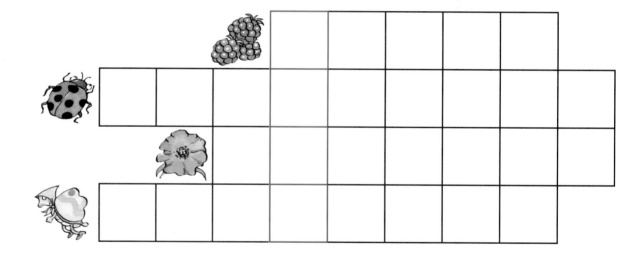

Objetivos:

Asociar imágenes con palabras.
Afianzar la escritura de la grafía de la m.

Vamos a hacer una marioneta con la protagonista del cuento. Primero, recorta la mariposa Mimí. Después, con la ayuda de un adulto, recorta una tira de papel, enróllala alrededor de tu dedo para tomarle la medida y únela con un poco de pegamento. A continuación, pega encima la mariposa y… ¡ya tienes una marioneta de dedo para representar el cuento tantas veces como quieras!

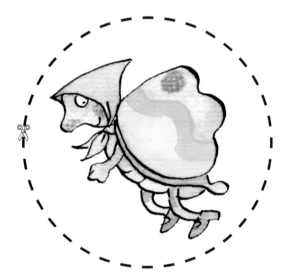

Objetivos:

Desarrollar la creatividad.
Desarrollar la capacidad de expresión oral y corporal.
Realizar pequeñas dramatizaciones.